AF234215

NOTICE

SUR

SAINT ROCH

Par le R. P. GIRY

PRÉCÉDÉE

D'UN ABRÉGÉ DE L'HISTOIRE DE SON CULTE

Par X. M., Missionnaire apostolique

NOUMÉA

IMPRIMERIE DU GOUVERNEMENT

—

1884

Imprimatur,
Noumea, 17 martii 1884.
Loco † Sigilli.   H. ALPHONSUS,
Episcopus Abilensis.

NOTICE

SUR

SAINT ROCH

Par le R. P. GIRY

PRÉCÉDÉE

D'UN ABRÉGÉ DE L'HISTOIRE DE SON CULTE

Par X. M., Missionnaire apostolique

NOUMÉA

IMPRIMERIE DU GOUVERNEMENT

—

1884

NOTICE

SUR

SAINT ROCH

———

AVANT-PROPOS

Les premiers Missionnaires qui vinrent évangéliser la Nouvelle-Calédonie ne furent pas longtemps sans voir le champ de leur apostolat visité par une affreuse épidémie. Dans une seule tribu d'environ 2,000 habitants, ils eurent à enregistrer, en moins d'un mois, plus de 120 victimes. Des villages entiers furent complètement dévastés. Les naturels, à peine atteints par le fléau, ne tardaient pas à succomber, et ils étaient si bien convaincus que le mal était incurable que, plus d'une fois, des hommes jeunes, robustes, se sentant frappés, envoyèrent leurs amis creuser leurs fosses, s'y rendirent et s'y étendirent eux-mêmes pour être bientôt étouffés sous le poids de la terre qu'on devait piétiner sur eux.

Touchés de la détresse de leurs enfants spirituels, les Missionnaires employèrent leurs quelques connaissances en médecine pour enrayer le mal, et ils furent assez heureux pour arracher à la mort un grand nombre d'existences. Mais ils comptèrent surtout sur le grand médecin, sur Celui qui tient entre ses mains la mort et la vie. Ils songèrent à se le rendre propice par l'intercession d'un de ces thaumaturges vers qui se tournent les peuples dans les calamités publiques. Ils eurent la pensée de mettre saint Roch au nombre des protecteurs de la Mission et d'inspirer aux indigènes une grande dévotion envers lui.

Quel plus heureux choix pouvait-on faire? Depuis le quatorzième siècle jusqu'à ces derniers temps, le peuple chrétien n'avait-il pas invoqué saint Roch toutes les fois que la peste, le choléra ou toute autre épidémie s'étaient montrés avec leur cortège effroyable de douleurs, de morts et de larmes?

L'histoire du culte de ce grand « guérisseur » prouve d'une manière péremptoire combien la confiance qu'il inspire a toujours été populaire, universelle. Esquissons-la a grands traits.

Saint Roch mourut en 1327, et, comme le dit un de ses biographes, son culte fleurit comme spontanément sur son tombeau. Un siècle n'était pas encore écoulé qu'il était devenu un arbre gigantesque où les pestiférés venaient s'abriter. Il fallait bien, en effet, que l'idée de son pouvoir spécial contre les épidémies fût déjà reçue et accréditée pour que les nombreux évêques, réunis à Constance en 1414, venus de tous les points de la chrétienté, et témoins des croyances et des pratiques religieuses de leurs pays, s'accordassent, sitôt que le fléau parut, à pousser vers le ciel ce cri : Saint Roch, priez pour nous !

Voici, en effet, ce que nous lisons dans un ouvrage tout récent intitulé : *Histoire de saint Roch et de son culte*. Quatre-vingt-sept ans après sa mort, en 1414, un concile général était assemblé à Constance pour l'extinction du schisme d'Occident. Les histoires rapportent que plus de 100,000 personnes s'étaient rendues dans cette ville de la Souabe. Outre la multitude innombrable des prélats, qui devaient siéger dans cette auguste assemblée, on avait vu arriver de tous les points de la catholicité les envoyés des souverains, ceux des villes, des églises et des universités. La noblesse de toute l'Europe s'était donné rendez-vous à Constance. Une telle réunion à cette époque, où les conditions d'hygiène publique laissaient encore tant à désirer, ne pouvait manquer d'amener bientôt une de ces épidémies si fréquentes au moyen-âge. La contagion ne tarda pas à se déclarer, en effet, au milieu de cet immense concours d'étrangers. D'abord, elle apparut avec les symptômes d'une maladie populaire. Mais ce n'était là qu'un prélude sinistre et comme un avant-coureur de la peste dont on était menacé.

Sous l'impression de crainte et d'effroi que produisait partout une pareille menace, une voix unanime s'éleva soudain au milieu de cette multitude. Le nom de saint Roch circula dans toutes les bouches : on parlait de la puissance qu'il lui fut donné d'exercer de son vivant contre le fléau de la peste; on racontait les miracles de guérison qu'il avait opérés en Italie; on rappelait la promesse que Dieu lui fit de sauver les peuples qui, dans ces dures calamités, réclameraient son intervention. La ville et l'assemblée furent mises sous sa protection tutélaire.

Les Pères du concile prescrivirent des prières publiques en l'honneur du saint, guérisseur de la peste. Une image, qui le représentait dans son costume de pèlerin, fut aussitôt improvisée. Elle fut portée processionnellement et en grande pompe dans les rues de la cité. C'était la première fois qu'un culte public, avoué par l'Église, était rendu au serviteur de Dieu.

Après cette solennelle invocation, on vit l'influence pestilentielle disparaître presque subitement. La ville, l'assemblée des évêques étaient préservées du fléau destructeur.

Le culte de saint Roch était consacré par la voix d'un concile nombreux et par le témoignage du ciel. Les peuples suivirent l'exemple de leurs pasteurs.

Venise eut l'honneur de marcher au premier rang, et son zèle fut récompensé par les grâces les plus abondantes. Un auteur écrivait en 1516 : « Dans cette noble cité repose le corps de « saint Roch. Ses habitants l'honorent avec un amour et une « dévotion incroyables, et je n'entreprendrai pas de raconter « les innombrables miracles qu'il y a opérés. »

Une inscription de 1576 y porte qu'à l'intervention de la Mère de Dieu et de saint Roch, le cruel et lamentable fléau (la peste) disparut bientôt, et l'on y voit un temple somptueux sous le vocable de *Santa Maria del Salute*, érigé, en accomplissement d'un vœu fait, après la peste de 1630, en l'honneur de la Vierge et de saint Roch. La capitale de la chrétienté ne devait le céder à aucune ville dans sa dévotion à notre saint. Voici deux inscriptions gravées sur le marbre qui le montreront plus que toutes mes paroles.

« Urbain VIII, Souverain Pontife, voulant apaiser le courroux « du ciel au milieu des dangers que la peste, qui ravageait la « Sicile en 1624, rendait imminents, visita cette église et y « célébra les sacrés mystères devant le bras de Saint Roch.... « et, par son autorité, le Sénat et le Peuple romains vouèrent à « cette même Église l'offrande annuelle d'un calice et de quatre « cierges. »

« Afin de donner la plus grande notoriété à la dévotion « spéciale que le Peuple romain professe pour saint Roch, et, « afin que par son intercession auprès de Sa Majesté Divine, « cette illustre ville soit par eux défendue et protégée contre le « mal de la peste, comme pendant sa vie, il daigna la dé-« fendre lui-même. Il a été décidé............ »

On trouve à Acquapendente une statue du saint, de grandeur naturelle, et en bois peint. Elle est du XVe siècle.

A Frascati, à Césène, à Rimini, à Forli, à Imola, à Bologne, à Plaisance, on voit des tableaux, des statues, des autels, des chapelles de saint Roch. A Césène, son portrait est surmonté de cette inscription :

« Vrai portrait de saint Roch, qui délivra de la peste la ville de Césène, l'an 1501. »

Et ce n'est pas seulement en Italie que son culte s'épanouit comme une fleur aux plus belles teintes, au parfum le plus exquis ; en 1512, c'est une fondation pieuse, en faveur d'une église qui lui est dédiée à Anvers, et, dans la même ville, une rue qui conduit à l'hôpital, adjoint à cette église, porte le nom de Saint-Roch.

En Espagne, Madrid, Saragosse, Valence, Barcelone, célèbrent depuis longtemps sa fête avec la plus grande pompe, et l'auteur de l'histoire du culte de saint Roch (à qui la plupart de ces faits sont empruntés) ne craint pas de dire :

« Dans ce catholique royaume, il n'est pas une ville, il n'est peut-être pas un village qui n'ait voué à saint Roch un culte de vénération et de reconnaissance. »

Les Espagnols portèrent cette dévotion dans le Nouveau Monde, et ils donnèrent le nom du saint au cap qui s'élève, sur les bords de l'Océan, à l'extrémité septentrionale du Brésil. Ce nom est resté en bénédiction dans toutes les chrétientés de l'Amérique méridionale : où, quantité de monuments, en l'honneur du pèlerin de Montpellier, sont élevés, depuis longtemps, où, tous les jours il s'en élève de nouveaux.

Il serait fastidieux et trop long de répéter ce que nous venons de dire des îles Baléares, de la vallée d'Andorre, du Schleswig, du Piémont, de la Savoie, de l'Autriche, des provinces catholiques d'Allemagne et des divers pays où le culte de notre bienheureux est si populaire. Contentons-nous de montrer que la patrie de saint Roch, la France, a toujours eu pour son glorieux enfant une vénération, une confiance sans bornes.

Les habitants de Montpellier, sa ville natale, commencèrent à l'honorer le jour même où il s'endormit dans le Seigneur. Baillet, auteur peu suspect, avoue que son culte prit naissance le jour même de sa sépulture. On conserva précieusement son corps, dont, plus tard, par une indigne supercherie, les Vénitiens s'emparèrent (1). Un esprit religieux s'attacha à sa maison, à un banc de pierre sur lequel il s'était assis, en revenant d'Italie, et où il fut arrêté comme espion, — à son bâton de pèlerin. Après le concile de Constance, ses images furent exposées en tous lieux. Partout on lui dédia des oratoires et des temples, parmi lesquels on distingua l'église qui lui fut consacrée à Paris. Devenue trop étroite par l'affluence toujours croissante des pèlerins, elle fut remplacée par le temple remarquable dont Louis XIV et la reine-mère posèrent la première pierre, en 1653. C'est, aujourd'hui, une des paroisses les plus considérables de la capitale.

Les Parisiens avaient pour saint Roch tant de dévotion, qu'ils chômaient sa fête comme si elle eut été de précepte, et lorsque l'autorité ecclésiastique crut, pour de sages raisons, devoir diminuer le nombre des fêtes d'obligation et en retrancher celle de notre bienheureux, le peuple ne voulut pas user du privilège.

Dans ces derniers temps, la ville natale de saint Roch, dépouillée de ses reliques, voulut se dédommager, en remplaçant l'église qu'elle lui avait dédiée par un temple monumental. Pour réaliser cette pensée pieuse, on s'adressa au clergé français, on réclama son concours. Ce fut l'occasion d'une volumi-

---

(1) En 1484, la peste enleva à Venise 30,000 victimes en huit mois. Les Vénitiens voulurent, à tout prix, posséder les reliques du saint. Des marchands, d'après les uns; deux moines, d'après d'autres, vinrent demander à passer, par dévotion, la nuit dans l'église où elles étaient conservées. Le lendemain, elles avaient disparu.

neuse correspondance qui, si elle était publiée, serait le plus beau monument élevé à la gloire de notre saint. On y voit, en effet, qu'il est le patron d'un nombre considérable de paroisses ou de chapelles en France ; que dans un nombre bien plus considérable encore d'églises on lui a consacré des autels, des images, des statues ; qu'en bien des endroits sa confrérie est établie ; que dans les temps d'épidémie, c'est toujours à saint Roch que recourent les populations, et qu'au témoignage de ces populations, ce recours à son intervention est toujours suivi de salutaires effets. Nous terminerons cet exposé rapide du culte de saint Roch, en transcrivant l'inscription qu'on lit sur le piédestal d'une statue du saint, d'une grandeur colossale, qui s'élève sur le parvis de la cathédrale d'Auch :

« Au bienheureux saint Roch, pendant que la contagion du « choléra sévissait à Paris, après avoir ravagé bien d'autres ré- « gions, au moment où elle menaçait la France entière, afin que « les prières de saint Roch éloignassent ces sinistres présages, « les habitants de la ville d'Auch lui dédièrent très pieuse- « ment cette statue, l'an 1832. »

Chose incroyable ! Les foules se dirigent, partout, vers les sanctuaires de saint Roch, elles portent sa médaille, elles l'invoquent. Demandez-leur ce qu'était saint Roch, elles ne sauront que répondre : « Il préserve, il guérit de la peste. » Mais sa vie, si riche de faits, si pleine devant Dieu, malgré les histoires qui en ont été faites, malgré les tableaux des grands maîtres, qui l'ont reproduite, est inconnue au plus grand nombre. On a pensé qu'il serait utile et édifiant de faire imprimer l'abrégé qui en a paru dans *Les petits Bollandistes*, d'après le père Giry, au 16 août.

Puisse cette courte notice, en faisant mieux connaître le saint, augmenter le nombre de ses clients et des imitateurs de ses vertus !

X. M.

SAINT ROCH, DE MONTPELLIER

(Confesseur, 1327)

Pape : Jean XXII. — Roi de France : Charles IV, le Bel

Saint Roch naquit à Montpellier, l'une des principales villes du Languedoc, vers la fin du xiii° siècle. Son père, nommé Jean, était un des premiers de la ville ; comme il joignait la justice et la piété à la noblesse et à la profession des armes, il se faisait aimer et respecter de tous les habitants. En ce temps-là, c'étaient les rois de Majorque qui avaient le domaine de Montpellier, dépendant de la couronne de France : on croit que le père de notre saint en était gouverneur. Sa mère s'appelait Libérie, et elle était, comme son mari, pieuse, bienfaitrice des pauvres et très dévote envers la sainte Vierge. Cependant ils furent longtemps sans avoir d'enfants, et Libérie n'était même plus en âge d'en avoir sans un secours particulier et miraculeux de la bonté de Dieu. Jean, inspiré du ciel, ordonna à sa femme de faire pour cela des prières et des vœux à Notre-Seigneur et d'employer auprès de lui le secours tout-puissant de sa très sainte Mère. Elle obéit à ce commandement, et, s'adressant au Fils et à la Mère, elle les pria de cette sorte : « Créateur de l'univers, et vous bienheureuse Vierge, reine du monde, qui prenez plaisir à exaucer ceux qui implorent votre secours, nous vous demandons humblement un enfant, s'il peut être utile à votre service : car, nous n'en souhaitons pas un, afin qu'il accroisse nos biens et qu'il augmente l'éclat de notre maison, mais afin qu'il fasse du bien aux pauvres, et qu'il s'expose à toutes sortes d'adversités, et même s'il est nécessaire à la mort pour la gloire de votre nom. »

Cette prière si fervente et si désintéressée ne manqua pas d'avoir son effet : Dieu rendit Libérie mère d'un fils, qui apporta en naissant une croix rouge sur son estomac, ce qui la remplit d'une telle joie, que, tout âgée qu'elle était, elle résolut de le nourrir de son propre lait. Comme il avait été conçu par miracle, Dieu fit, par un autre miracle, qui fut le présage de sa sainteté, qu'il commença, dès la mamelle, à pratiquer l'abstinence, ne buvant les mercredis et les vendredis qu'une fois le jour. On le vit avec étonnement, dès l'âge de cinq ans, observer le précepte de l'Apôtre, de châtier son corps pour le réduire en servitude : car, dès lors, il ne prenait de nourriture que le moins qu'il pouvait. Quand il eut douze ans, il renonça entièrement à tout ce qu'il y a de plus agréable et de plus éclatant dans le siècle : son seul plaisir était de faire du bien aux pauvres et aux étrangers, et il les assistait avec la même charité qu'il aurait fait pour ses propres frères. Toutes ses actions n'avaient pour but que le service et la gloire de Dieu ; et elles étaient accompagnées de tant de douceur dans ses regards, de tant d'honnêteté dans ses paroles, et de tant de majesté dans tout son extérieur, qu'on ne pouvait assez admirer les dons de la nature et de la grâce dont la bonté divine l'avait comblé.

Son père, se voyant près de mourir, le fit approcher de son lit et lui dit : « Voici le temps, mon fils, où je dois quitter cette vie pleine de troubles et de misères, pour aller rendre compte à Dieu et pour aller jouir, s'il me fait miséricorde, du règne éternel avec lui : je n'ai pas cru devoir partir sans vous donner quelques avis qui vous seront très utiles pour passer vos jours dans l'innocence et la piété. Etudiez-vous sur toutes choses à servir Dieu. Représentez-vous très souvent les travaux et les supplices que Jésus-Christ a soufferts pour notre salut. Fuyez l'avarice, qui est une source de toutes sortes de péchés. Secourez de tout votre pouvoir les veuves, les orphelins et les autres personnes dépourvues de toute assistance. Soyez l'œil des aveugles, le pied des boiteux et le père des pauvres, et persuadez-vous qu'en appliquant les grands biens que je vous laisse à ces œuvres de miséricorde, vous attirerez sur vous la grâce de Dieu et la bénédiction de tous les hommes. »

Roch promit d'exécuter fidèlement ce que son père lui recommandait, et, après lui avoir fermé les yeux, il eut soin de le faire enterrer avec tout l'honneur que sa qualité et son mérite demandaient. Sa mère fut si affligée de la mort de son mari, qu'elle ne lui survécut que fort peu de temps. Ainsi notre saint, qui était leur fils unique, n'étant pas encore âgé de vingt ans, se trouva le possesseur et le maître d'une grande fortune. Il n'oublia pas alors la promesse qu'il avait faite ; mais, ayant devant les yeux les paroles de Notre-Seigneur : « Vendez vos possessions et faites l'aumône », il distribua aux pauvres, le plus secrètement qu'il lui fut possible, tout ce qu'il put tirer de ses biens, et laissa l'administration du reste entre les mains de son oncle paternel ; puis il partit tout seul, à pied et en habit de pèlerin, dirigeant ses pas vers Rome.

Lorsqu'il fut arrivé à une ville du patrimoine de l'Église, nommée Acquapendente, il apprit que la peste y était très violente. Il s'en alla aussitôt à l'hôpital, et s'offrit à l'administrateur, nommé Vincent, pour l'assister dans cet office de miséricorde. Cet homme charitable, le voyant si jeune et si bien fait, lui répondit qu'il ne pouvait assez louer son zèle, mais qu'il le croyait trop délicat pour supporter un si grand travail et souffrir une telle infection. « Dieu ne nous assure-t-il pas », répliqua le saint, « que rien ne nous est impossible avec son secours, et que ce secours ne nous manque pas lorsque nous n'avons point d'autre dessein que de lui plaire ? » Vincent admira sa ferveur ; mais, craignant d'être coupable de sa mort, s'il le laissait entrer parmi les pestiférés, il lui résista encore quelque temps. Il se rendit enfin à ses instances réitérées et lui permit la visite des malades. Roch les toucha dans la main droite et fit sur eux le signe de la croix, et par ce signe salutaire, il leur rendit à tous la santé, sans qu'un seul fût privé de cette grâce. Il alla ensuite par toute la ville, et guérit de la même façon tous ceux qui étaient frappés de cette cruelle maladie : on le regarda comme un ange envoyé de Dieu pour le secours de tant de malheureux. Aussitôt après, ayant appris que la peste faisait de semblables ravages dans la ville de Césène, en Lombardie, il s'y rendit et la délivra de la même manière. Comme son premier dessein, en partant de Montpellier, avait été d'aller à Rome, cette inclination s'augmenta encore beaucoup, lorsqu'il apprit que la peste y causait de grands ravages. Il s'y rendit en toute hâte et trouva la ville et le peuple dans une désolation extrême.

Au bruit, à l'agitation d'une grande ville, avait succédé le silence, quelque chose d'immobile comme la mort. A peine si l'on entendit, çà et là, les plaintes, les gémissements et les sanglots du deuil, ou les cris sinistres du désespoir !

Des tombereaux circulaient dans les rues. Une cloche, au son lugubre, annonçait leur passage et avertissait les habitants que le moment était venu de descendre leurs morts. Les cadavres étaient entassés, alors, sur d'autres cadavres : les tombereaux suffisaient à peine à les contenir tous !

Et quand la contagion vint à sévir plus cruellement encore, on n'attendait même plus le passage du tombereau funèbre ; on exposait les cadavres devant les portes, on les jetait des fenêtres dans les rues. La ville offrait partout ces spectacles d'horreur !

La mortalité avait atteint des proportions tellement effrayantes, le mal qui donnait la mort était tellement violent que, le matin, les vivants ne s'attendaient pas à voir la fin du jour, et que le soir, en se couchant, ils désespéraient de revoir le jour suivant.

Au milieu de ce deuil, de cet effroi universel, des scènes bien diverses de grandeur ou d'abjection se produisaient sur ce théâtre de tant de douleurs ! Dans l'impossibilité où l'on était de se procurer souvent des aliments, on se voyait réduit à la dernière nécessité, à la famine la plus cruelle, ou bien il fallait s'exposer au danger d'une mort presque inévitable.

Lorsque le moment était venu de se séparer de ces êtres qui sont comme la moitié de nous-mêmes, tant ils nous sont chers, on voyait des mères éplorées descendre elles-mêmes leurs enfants, les placer de leurs mains sur l'immonde charrette, comme pour leur faire une place plus digne et plus honorable, les baiser ensuite sur le front, payer à grand prix une sépulture particulière pour eux, pour elles-mêmes, lorsque le lendemain, on viendra prendre leur triste dépouille, ne voulant pas en être séparées, même dans la mort !

A peine quelques citoyens généreux, quelques magistrats intrépides avaient le courage de se dévouer pour remédier à tant de maux ; la peur, l'égoïsme avaient endurci tous les cœurs. A peine quelques médecins courageux osaient affronter le danger. La plupart, voyant l'impuissance de leur art, s'éloignaient du séjour de la contagion et de la mort.

Saint Roch, à la vue de ce peuple de Rome désolé, décimé par la contagion, gisant dans le deuil et dans la mort, s'inspira de la grandeur et de l'énormité même de ses malheurs, et résolut de le sauver ou de mourir pour lui. Il se mit aussitôt à l'œuvre, visita les hôpitaux et pénétra dans les réduits les plus infects des lazarets où tant de malheureux luttaient en vain contre la mort. Son héroïque charité ne recula devant aucun obstacle, ne s'arrêta devant aucun danger.

Partout où saint Roch portait ses pas, le mal s'apaisait, la contagion disparaissait. On voyait les malades les plus désespérés revenir à la vie, dès que la main puissante de notre saint les avait marqués du signe sacré de notre salut.

La confiance se ranima bientôt dans les esprits : les rues, les places publiques cessèrent d'être désertes. On n'entendait parler que du médecin miraculeux suscité par le ciel pour remédier à tant de malheurs. On racontait, on redisait en tous lieux les guérisons prodigieuses qu'il opérait partout. Dans cette expression de la joie publique qui éclatait déjà sur tous les fronts comme dans toutes les bouches, on voyait des malades se traîner çà et là, ou se faire porter sur le passage de notre saint, chercher à le voir, à le toucher, à sentir sur leur chair l'impression de cette main puissante qui donnait la santé et la vie. Et quand des infortunés, trop maltraités par le venin et la malignité de la peste, ne pouvaient être emportés de leur lit de souffrance, le saint thaumaturge se rendait auprès d'eux et les guérissait. Le zèle de saint Roch fut infatigable, sa main ne se lassa pas de toucher des pestiférés, de les rendre à la vie par la vertu du signe de la croix. Il se multiplia, il voulut être partout où était le mal avec ses

victimes. « Sa charité fut enfin plus forte que la mort » :
la contagion était vaincue, Rome était sauvée.

Cependant, la peste infectait encore la campagne ro-
maine. Des troupeaux abandonnés paissaient çà et là
au milieu des champs ; le soir, ils revenaient sans pas-
teur et tristement dans des maisons désertes ou aban-
données. Les fruits pendaient aux arbres, les récoltes
étaient mûres et personne ne recueillait ces trésors de
la terre. Saint Roch accourut au secours de ces malheureux. A peine avait-il porté la guérison et la vie
dans un lieu, il disparaissait aussitôt et volait vers un
autre lieu affligé par la contagion, et, là, comme partout,
il opérait les mêmes prodiges. C'est ainsi qu'il sauva de
l'épidémie beaucoup de villes de l'Italie, et particulière-
ment du Piémont, du Milanais, de Montferrat, des
duchés de Mantoue, de Modène et de Parme.

Ayant su que la ville de Plaisance était extrêmement
affligée par ce mal contagieux, il s'y rendit, s'enferma
dans l'hôpital, pansa les malades selon la coutume, et,
étant accablé de sommeil, il s'endormit. Alors il
entendit une voix qui lui dit d'un ton doux et agréable :
« Roch, vous avez supporté jusqu'à présent de très
grands travaux pour l'amour de moi, il faut maintenant
que vous souffriez aussi d'extrêmes douleurs dans la
vue de celles que j'ai endurées pour vous ». Il s'éveilla
à cette voix, et, pris d'une fièvre ardente, il se sentit
comme percer la cuisse gauche, avec une douleur si
violente, qu'elle était presque insupportable. En cet
état, il leva les yeux au ciel et témoigna à Notre-Seigneur
beaucoup de reconnaissance et de satisfaction de cette
rude visite. Son mal s'augmenta ensuite de telle sorte
qu'il ne pouvait s'empêcher de jeter des cris, et, parce
que cela incommodait les autres malades, il sortit de
l'hôpital et se coucha à terre auprès de la porte. On
voulut le faire rentrer ; mais comme il refusa de le faire,
dans la crainte d'être incommode, on le prit pour un
frénétique et on le chassa de la ville. Il se traîna donc le
mieux qu'il put, appuyé sur un bâton, jusqu'à la forêt
voisine, et, après s'être un peu reposé sous un cor-
nouiller, il se retira dans une petite cabane, où, se re-
connaissant digne de toutes les peines et humiliations
qu'il endurait, il pria néanmoins Notre-Seigneur de ne

le point abandonner et de lui tendre sa main secourable. Sa prière fut suivie d'un grand miracle; car, en ce même temps, une nuée descendit du ciel et forma, auprès de sa cabane, une source d'eau qu'on y voit encore aujourd'hui, dont il but et se lava : ce qui adoucit un peu les cuisantes douleurs dont il était tourmenté. Lorsque la divine Providence eut, par ce moyen, désaltéré son serviteur, elle en employa un autre non moins miraculeux pour le nourrir, afin que personne ne se décourage dans ses peines et qu'on soit persuadé que Dieu a soin de ceux qui endurent quelque chose pour son amour. Il y avait près de cette forêt un grand village, rempli de belles maisons de campagne, où les principaux de la ville s'étaient retirés à cause de la peste, et, entre autres, un nommé Gothard, qui était fort riche et avait quantité de serviteurs et même une meute de chiens qu'il nourrissait pour la chasse. Un jour, comme il était à table, un de ses chiens vint à lui et prit avec sa gueule un pain qu'il avait à la maison. Le seigneur sourit, croyant qu'il le faisait par privauté ou par nécessité, et le laissa faire; ce chien porta ce pain à saint Roch. Le lendemain, il fit la même chose à dîner et à souper. Le maître crut alors que ses valets le laissaient mourir de faim; il se fâcha contre eux et leur en fit la réprimande. Mais, ayant reconnu que rien ne lui manquait, et qu'il ne dérobait pas ce pain pour le manger, mais pour le porter en quelque lieu, il résolut de remarquer où il allait et de le suivre. En effet, ce chien étant encore revenu enlever un pain de dessus sa table, il courut après lui, et l'ayant suivi dans la forêt, il vit qu'il le portait dans la cabane de saint Roch, qu'il le lui présentait en baissant la tête, et que l'homme de Dieu, en le recevant, le bénissait. Gothard, surpris de ce prodige, accourut au plus tôt à cette pauvre cabane, et ayant trouvé le saint couché contre terre et dans une grande langueur, il le pria de lui dire qui il était et de quelle maladie il était tourmenté. Il lui répondit que c'était de la peste, et qu'il le suppliait de se retirer, de peur de la gagner lui-même. Ce gentilhomme, étant retourné dans sa maison, fit une sérieuse réflexion sur ce qu'il venait de voir, et, se reprochant à lui-même que son chien semblait avoir plus de compassion et de miséricorde pour les affligés que lui, il résolut de s'en retourner vers Roch pour lui offrir tous ses services. Il le pria donc de souffrir qu'il l'assistât, et lui protesta qu'il ne le quitterait point qu'il ne le vit entièrement guéri. Le saint, ne doutant point que sa résolution ne vint de Dieu, lui permit de demeurer.

Cependant le chien n'apportant plus de pain, cet homme commença à s'inquiéter comment il vivrait, et comment il nourrirait son malade. Roch lui conseilla de prendre son habit de pèlerin et de s'en aller en ce costume faire la quête dans les lieux d'alentour. Il eut de la peine à se rendre à ce conseil, parce qu'on le connaissait partout : mais, étant encouragé par le serviteur de Dieu, qui lui fit paraître cette action comme un grand moyen de perfection, il s'y résolut, et alla même dans Plaisance demander l'aumône. Les uns se contentèrent de le rebuter ; d'autres se moquèrent de lui et le chargèrent d'injures ; d'autres lui firent de grands reproches comme à un mauvais ménager, qui, ayant mangé son bien, cherchait à s'engraisser du bien d'autrui. Enfin, dans toute la ville, il ne put trouver que deux pains. A son retour, Saint Roch le consola, et voulant rendre aux habitants de Plaisance le bien pour le mal, il s'y rendit, et guérit par le signe de la croix non seulement les pestiférés qui étaient dans l'hôpital, mais aussi ceux qui étaient dans les maisons. Lorsqu'il revenait le soir à sa cabane, il fut suivi de plusieurs personnes qui ne pouvaient assez admirer les merveilles que Dieu faisait par son moyen. Pendant le chemin, une voix vint du ciel, qui lui dit : « Roch, Roch, j'ai exaucé votre prière, et je vous ai rendu la santé ; retournez maintenant en votre pays, et y pratiquez les exercices de la pénitence, afin que vous puissiez avoir place dans la compagnie des saints. » Cette voix les étonna tous extrêmement ; l'un d'entre eux, qui était un homme de grande piété, vint se jeter aux pieds de Roch, et, l'appelant par son nom qu'il n'avait encore découvert à personne, il le supplia de favoriser la ville et tout le pays de sa protection. Roch le lui permit, à la charge qu'il ne découvrirait point durant sa vie ce qu'il avait entendu. A quoi il acquiesça. D'un autre côté, Gothard voyant que le serviteur de Dieu était passé tout d'un coup de l'état déplorable où il était, dans une parfaite santé, l'eut encore en plus grande estime qu'auparavant, et se laissa facilement persuader, par ses discours pleins de feu, de renoncer à tous les biens et à tous les honneurs du monde, pour finir sa vie dans ce désert. Roch demeura encore quelque temps avec lui pour le former aux exercices de la pénitence et de l'oraison, et pour en faire un saint solitaire. Ensuite, voulant obéir à la voix du ciel, il prit congé de lui et s'en revint en France. L'Esprit de Dieu qui le conduisait lui inspira de retourner à Montpellier, lieu de sa naissance, pour y mener une vie cachée et souffrante, dans la ville même où il avait dû recevoir les plus grands honneurs. Tout le pays était alors désolé par de grandes guerres, et chacun y vivait dans de grandes craintes d'être surpris par son ennemi. Aussi le saint étant entré en habit de pèlerin dans un bourg de son ancien domaine, et s'étant mis en prières dans l'église, y fut pris pour un espion. On l'arrêta donc et on le conduisit à Montpellier vers son oncle, qui, ne le connaissant pas, le fit mettre dans un cachot comme un ennemi secret. Le saint, au lieu de s'en affliger, loua Dieu de la grâce qu'il lui faisait de pouvoir souffrir des opprobres et des peines pour l'amour de lui, et le pria, par l'intercession de la sainte Vierge, de ne le point abandonner, mais de le soutenir par son assistance.

Ce cachot n'était pas seulement obscur, mais encore sale, puant, humide et plein de scorpions, ce qui en rendait la demeure extrêmement effroyable. Cependant, ne se contentant pas du tourment qu'il en recevait, il y ajoutait des austérités extraordinaires, car il ne mangeait rien de cuit; il se noircissait l'estomac de coups, se déchirait le corps avec des fouets, et passait les jours et les nuits dans des veilles et des prières presque continuelles. Il demeura cinq ans dans un état si souffrant et si humilié, sans que personne eût pitié de lui ni qu'on pensât à sa délivrance. Au bout de ce temps, Dieu lui ayant fait connaître que la fin de sa vie approchait, il pria le geôlier de lui faire venir un prêtre. On lui en amena un, qui, en entrant dans ce cachot où il n'y avait aucune ouverture par où le jour pût passer, le trouva tout éclairé d'une lumière céleste, et vit des rayons de gloire sortir des yeux de ce bienheureux prisonnier; ce qui l'étonna si fort, qu'il ne pût qu'à peine lui demander ce qu'il désirait de lui. Le saint se jeta à ses pieds, se confessa et le pria de lui donner la sainte communion. Le prêtre, au sortir de là, alla trouver le Gouverneur et lui dit, les larmes aux yeux, que l'on avait beaucoup offensé Dieu de retenir dans une obscure prison un homme, non seulement innocent, mais aussi très juste et très saint. Il lui raconta quelles étaient ses austérités et sa patience, et comment il avait trouvé le cachot rempli d'une splendeur divine. Le Gouverneur prit temps pour y penser, et, cependant, le bruit de cette merveille s'étant répandu par toute la ville, les habitants vinrent en foule à la prison pour avoir l'honneur de voir cet homme de bien.

Il tomba malade aussitôt après, et, pendant qu'il dormait, il entendit une voix qui lui dit : « Voici le temps, mon bien-aimé Roch, que je dois porter votre âme dans le sein de mon Père ; si donc vous avez quelque chose à demander pour vous ou pour les autres, demandez-la au plus tôt, et elle vous sera accordée. » Il remercia Notre-Seigneur d'une offre si avantageuse, et le pria, par grâce, de lui pardonner ses péchés, de le faire entrer dans la jouissance de son bonheur, et de préserver ou délivrer de la peste ceux qui imploreraient son assistance.

Notre-Seigneur lui fit connaître qu'il avait exaucé sa prière. Ainsi, s'étant couché sur la terre dans une posture fort modeste, il éleva ses yeux vers le ciel, et rendit paisiblement son esprit à Dieu, le 16 août 1327, à l'âge de 32 ans. On vit aussitôt paraître, à travers les fentes de ce lieu, une grande lumière, qui donna de l'admiration et de l'épouvante au geôlier. Il ouvrit la porte, et trouva le corps du bienheureux Confesseur étendu sur la terre et des lampes allumées à sa tête et à ses pieds, avec une petite planche à ses côtés, où ces mots étaient écrits : « Ceux qui, étant frappés de peste, auront recours à l'intercession de Roch, seront délivrés de cette cruelle maladie. » La chose ayant été rapportée au Gouverneur, il en fut extrêmement surpris. Sa mère, qui était aïeule de notre saint, lui dit que ce prisonnier qu'il avait si maltraité, était son neveu qui lui avait laissé tant de biens en partant pour l'Italie, et qu'il serait aisé de le reconnaître par une croix rouge qu'il avait sur l'estomac. On y regarda et l'on trouva cette croix, qui ne laissa aucun doute qu'il ne fût véritablement le fils de Jean, Gouverneur de Montpellier, et de Libérie. Son oncle, couvert de confusion et touché de douleur de la cruauté qu'il avait exercée contre son bienfaiteur et son propre sang, tâcha de la réparer par une pompe funèbre des plus magnifiques. Tous les habitants vinrent voir ce corps vénérable, lui baisèrent les pieds et l'arrosèrent de leurs larmes. On l'enterra d'abord dans la principale église, qui n'était pas encore cathédrale, le siège de Maguelone n'étant pas encore transféré à Montpellier. Depuis, son oncle fit bâtir, en son honneur, un temple où ses précieuses reliques furent transportées.

Dans le sanctuaire de l'église Saint-Roch, à Venise, on voit les quatre grandes scènes de la vie du saint. Il est représenté : 1° guérissant les pestiférés dans un hôpital; 2° fortifié dans sa prison par un ange; 3° guérissant les animaux; 4° pris pour un espion et conduit en prison. — On le voit aussi présentant la confrérie sous l'emblème d'une femme vêtue de blanc, à la Charité éclairée du flambeau de la Religion. — Le chien est l'attribut ordinaire de saint Roch avec le bourdon du pèlerin. Un ange est représenté quelquefois comme son compagnon. Ces signes résument, en effet, les merveilles et les gloires de sa vie : le chien fut le ministre fidèle dont Dieu se servit pour secourir la misère extrême de son serviteur; le messager céleste fortifie notre saint dans ses souffrances solitaires; le bourdon, enfin, rappelle les longues marches de cet héroïque apôtre de la charité. — Dans les images de saint Roch on voit un ange qui lui apporte du ciel la promesse certaine qu'à son invocation la peste cessera. Dans un tableau de Rubens représentant ce fait, l'ange tient une tablette sur laquelle on lit: *Eris in peste patronus.*

ANTIENNE A SAINT ROCH

Sancte Roche, piissime,
Nobili nate sanguine,
Crucis signate schemate
Sinistro tuo latere,
Venena pestis amove,
Quo polles Dei munere,
Hostem grassantem comprime,
Tuos clientes protege.

Saint Roch, homme très pieux
D'une illustre origine,
Marqué du sceau de la croix
A votre côté gauche,
Éloignez le fléau de la peste,
Dieu vous en a donné le pouvoir,
Arrêtez l'ennemi qui s'avance,
Protégez vos enfants.

HYMNE DE L'OFFICE DE SAINT ROCH

Iste Confessor Domini, colentes
Quem pie laudant populi per or-
bem,
Hac die lætus meruit beatas
Scandere sedes.

Viribus morbi domitis, saluti
Restituuntur.

Noster hinc illi chorus obse-
quentem
Concinit laudem, celebresque pal-
mas;
Ut piis ejus precibus juvemur
Omne per ævum.

Qui pius, prudens, humilis, pu-
dicus,
Sobriam duxit sine labe vitam,
Donec humanos animavit auræ
Spiritus artus.

Sit salus illi, decus, atque virtus,
Qui super cœli solio coruscans
Totius mundi seriem gubernat
Trinus, et unus.

Cujus ob præstans meritum fre-
quenter,
Ægra quæ passim jacuere mem-
bra,

Amen.

ORAISON DE L'OFFICE DE SAINT ROCH

Populum tuum, quæsumus, Domine, continua pietate custodi et beati Rochi suffragantibus meritis, ab omni fac animæ et corporis contagione securum. Per Dominum, etc.

LITANIES DE SAINT ROCH

Nota bene. — Les règles de la liturgie ne permettent ni de chanter, ni même de réciter dans les offices publics, c.-à-d. présidés par un prêtre en habits sacerdotaux aucune espèce de Litanies, sauf celles, en très petit nombre, pour lesquelles la S. Congrégation a donné une autorisation spéciale, mais on peut toujours réciter en particulier les Litanies approuvées par les évêques : la piété ne peut qu'y gagner.

Seigneur, ayez pitié de nous.
Jésus-Christ, ayez pitié de nous.
Seigneur, ayez pitié de nous.
Jésus-Christ, écoutez-nous.
Jésus-Christ, exaucez-nous.

Dieu le Père, du haut des cieux où vous êtes assis, ayez pitié de nous.
Dieu le Fils, Rédempteur du monde, ayez pitié de nous.
Dieu le Saint-Esprit, ayez pitié de nous.
Trinité sainte, qui êtes un seul Dieu, ayez pitié de nous.
Sainte Marie,
Sainte Mère de Dieu,
Sainte Vierge des vierges,
Saint Roch, qui avez généreusement méprisé le monde,
Saint Roch, fidèle disciple de Jésus-Christ,
Saint Roch, qui avez toujours en vous la mortification de J. C.,
Saint Roch, embrasé du feu de la charité,
Saint Roch, qui avez tout sacrifié et vous êtes sacrifié vous-même
    pour les pauvres,
Saint Roch qui avez été, pour l'amour de Jésus, en quête des op-
    probres,
Saint Roch, qui avez dépensé votre vie pour le soulagement des
    malades,
Saint Roch, qui, avec un invincible courage, avez servi les pesti-
    férés,
Saint Roch, qui, par le signe de la croix, avez mis en fuite la
    peste,
Saint Roch, salut d'illustres cités,
Saint Roch, frappé enfin vous-même de la peste,
Saint Roch, modèle de patience pour les malades atteints de la
    peste,
Saint Roch, miraculeusement guéri,
Saint Roch, que vos concitoyens ont, malgré votre innocence, cou-
    vert de mépris et chargé de fers,
Saint Roch, mort dans un cachot comme un malfaiteur,
Saint Roch, que l'Eglise, réunie en concile, a invoqué avec succès
    pour être délivrée de la peste,
Saint Roch, que Jésus-Christ a couronné de gloire et d'honneur,
Saint Roch, notre compatriote,
Saint Roch, notre protecteur,
Agneau de Dieu, qui effacez les péchés du monde, pardonnez-nous,
    Seigneur.
Agneau de Dieu, qui effacez les péchés du monde, exaucez-nous,
    Seigneur.
Agneau de Dieu, qui effacez les péchés du monde, ayez pitié de nous.
Jésus-Christ, écoutez-nous,
Jésus-Christ, exaucez-nous.

ORAISON

    Saint Roch, du haut du ciel, veillez sur nous ; écartez de nous les épidémies qui frappent les corps et surtout celles, bien autrement redoutables, qui attaquent les âmes ; obtenez-nous des jours pleins, uniquement employés à procurer la gloire de Dieu, à faire du bien à nos frères, à semer, par la pratique de toutes les vertus, les germes de la récompense éternelle. Ainsi soit-il !

    Saint Roch, protégez la France, votre patrie. Ainsi soit-il !

    Saint Roch, veillez sur la Nouvelle-Calédonie qui vous invoque avec confiance. Ainsi soit-il !

PRIÈRE A SAINT ROCH

Grand Saint, détournez, nous vous en supplions, de dessus nos têtes criminelles, les fléaux du Seigneur ; préservez, par votre intercession, nos corps des dangers de l'épidémie, mais plus encore nos âmes de la contagion du vice et du mauvais exemple ; obtenez-nous la salubrité de l'air, mais avant tout la pureté du cœur ; aidez-nous à faire un bon usage de la santé, à supporter les maladies avec patience, à chercher surtout la guérison de nos langueurs spirituelles, à vivre, comme vous, dans les exercices de la pénitence et de la charité pour jouir, avec vous, de la gloire et de l'immortelle couronne que vous ont méritées vos vertus.

Saint Roch, priez pour nous.
Saint Roch, priez pour nous.
Saint Roch, priez pour nous.

FIN